AF295888

L'ESCLAVAGE DES NOIRS,

OU

L'HEUREUX NAUFRAGE,

DRAME EN TROIS ACTES, EN PROSE.

Représenté à la Comédie Françoise, en Décembre 1789.

Par Mme DE GOUGES, Auteur des *Vœux Forcés.*

A PARIS,

CHEZ { La veuve DUCHESNE, rue Saint-Jacques,
La veuve BAILLY, barrière des Sergens,
Et chez les Marchands de Nouveautés.

MARS 1792.

PRÉFACE.

Dans les siècles de l'ignorance les hommes se sont fait la guerre ; dans le siècle le plus éclairé, ils veulent se détruire. Quelle est enfin la science, le régime, l'époque, l'âge ou les hommes vivront en paix ? Les Savans peuvent s'appésantir & se perdre sur ces observations métaphysiques. Pour moi, qui n'ai étudié que les bons principes de la Nature, je ne définis plus l'homme, & mes connoissances sauvages ne m'ont appris à juger des choses que d'après mon ame. Aussi mes productions n'ont-elles que la couleur de l'humanité.

Le voilà enfin, ce Drame que l'avarice & l'ambition ont proscrit, & que les hommes justes approuvent. Sur ces diverses opinions quelle doit être la mienne ? Comme Auteur, il m'est permis d'approuver cette production philantropique ; mais comme témoin auriculaire des récits désastreux des maux de l'Amérique, j'abhor-

rerois mon Ouvrage , si une main invi-
sible n'eût opéré cette révolution à laquelle je n'ai participé en rien que par la
prophétie que j'en ai faite. Cependant on
me blâme, on m'accuse sans connoître
même *l'Esclavage des Noirs*, reçu en
1783 à la Comédie Françoise, imprimé
en 1786 , & représenté en Décembre
1789. Les Colons , à qui rien ne coûtoit
pour assouvir leur cruelle ambition, gagnè-
rent les Comédiens , & l'on assure......
que l'interception de ce Drame n'a pas nui
à la recette ; mais ce n'est point le procès
des Comédiens ni des Colons que je veux
faire, c'est le mien.

Je me dénonce à la voix publique ; me
voilà en état d'arrestation : je vais moi-
même plaider ma cause devant e Tri-
bunal auguste, frivole...... mai redou-
table. C'est au scrutin des consciences
que je vais livrer mon procès ; c'est à
la pluralité des voix que je vais le perdre
ou le gagner.

L'Auteur, ami de la vérité, l'Auteur
qui n'a d'autre intérêt que de rappeller

les hommes aux principes bienfaifans de la Nature , qui n'en refpecte pas moins les loix , les convenances fociales , eft toujours un mortel eftimable , & fi fes écrits ne produifent pas tout le bien qu'il s'en étoit promis , il eft à plaindre plus qu'à blâmer.

Il m'eft donc important de convaincre le Public & les détracteurs de mon Ouvrage , de la pureté de mes maximes. Cette production peut manquer par le talent , mais non par la morale. C'eft à la faveur de cette morale que l'opinion doit revenir fur mon compte.

Quand le Public aura lu ce Drame , conçu dans un tems où il devoit paroître un Roman tiré de l'antique féérie , il reconnoîtra qu'il eft le tableau fidèle de la fituation actuelle de l'Amérique. Tel que ce Drame fut approuvé fous le defpotifme de la preffe , je le donne aujourd'hui fous l'an quatrième de la liberté. Je l'offre au Public comme une pièce authentique & néceffaire à ma juftification. Cette production eft-elle incendiaire ? non. Pré-

(4)

sente-t-elle un caractère d'insurrection ?
non. A-t-elle un but moral ? oui sans doute.
Que me veulent donc ces Colons pour
parler de moi avec des termes si peu ména-
gés ? Mais ils sont malheureux, je les
plains, & je respecterai leur déplorable
sort ; je ne me permettrai pas même de
leur rappeller leur inhumanité : je me permettrai seulement de leur citer tout ce que
j'ai écrit pour leur conserver leurs propriétés & leurs plus chers intérêts : ce Drame
en est une preuve.

C'est à vous, actuellement, esclaves,
hommes de couleur, à qui je vais parler ;
j'ai peut-être des droits incontestables pour
blâmer votre férocité : cruels, en imitant
les tyrans, vous les justifiez. La plupart de
vos Maîtres étoient humains & bienfaisans,
& dans votre aveugle rage vous ne distin-
guez pas les victimes innocentes de vos
persécuteurs. Les hommes n'étoient pas
nés pour les fers, & vous prouvez qu'ils
sont nécessaires. Si la force majeure est de
votre côté, pourquoi exercer toutes les
fureurs de vos brûlantes contrées ? Le

poison, le fer, les poignards, l'invention des supplices les plus barbares & les plus atroces ne vous coûtent rien, dit - on. Quelle cruauté ! quelle inhumanité ! Ah ! combien vous faites gémir ceux qui vouloient vous préparer, par des moyens tempérés, un sort plus doux, un sort plus digne d'envie que tous ce; avantages illusoires avec lesquels vous ont égarés les auteurs des calamités de là France & de l'Amérique. La tyrannie vous suivra, comme le crime s'est attaché à ces hommes pervers. Rien ne pourra vous accorder entre vous. Redoutez ma prédiction, vous savez si elle est fondée sur des bases vraies & solides. C'est d'après la raison, d'après la justice divine, que je prononce mes oracles. Je ne me rétracte point : j'abhorre vos Tyrans, vos cruautés me font horreur.

Ah ! si mes conseils vont jusqu'à vous, si vous en reconnoissez tout l'avantage, j'ose croire qu'ils calmeront vos esprits indomptés, & vous rameneront à une concorde indispensable au bien de la Colonie & à vos propres intérêts. Ces intérêts ne

consistent que dans l'ordre social , vos
droits dans la sagesse de la Loi ; cette Loi
reconnoît tous les hommes frères ; cette
Loi auguste que la cupidité avoit plongée
dans le chaos est enfin sortie des ténèbres.
Si le sauvage , l'homme féroce la mécon-
noît , il est fait pour être chargé de fers
& dompté comme les brutes.

Esclaves , gens de couleur , vous qui
vivez plus près de la Nature que les Européens , que vos Tyrans , reconnoissez
donc ses douces loix , & faites voir qu'une
Nation éclairée ne s'est point trompée
en vous traitant comme des hommes &
vous rendant des droits que vous n'eûtes
jamais dans l'Amérique. Pour vous rap-
procher de la justice & de l'humanité , rappellez-vous , & ne perdez jamais de vue ,
que c'est dans le sein de votre Patrie
qu'on vous condamne à cette affreuse ser-
vitude , & que ce sont vos propres parens qui
vous mènent au marché : qu'on va à la
chasse des hommes dans vos affreux climats , comme on va ailleurs à la chasse
des animaux. La véritable Philosophie de

l'homme éclairé le porte à arracher son semblable du sein d'une horrible situation primitive où les hommes non-seulement se vendoient, mais où ils se mangeoient encore entr'eux. Le véritable homme ne considère que l'homme. Voilà mes principes, qui diffèrent bien de ces prétendus défenseurs de la Liberté, de ces bouté-feux, de ces esprits incendiaires qui prêchent l'égalité, la liberté, avec toute l'autorité & la férocité des Despotes. L'Amérique, la France, & peut-être l'Univers, devront leur chûte à quelques énergumènes que la France a produits, la décadence des Empires & la perte des arts & des sciences. C'est peut-être une funeste vérité. Les hommes ont vieilli, ils paroissent vouloir renaître, & d'après les principes de M. *Brissot*, la vie animale convient parfaitement à l'homme ; j'aime plus que lui la Nature, elle a placé dans mon ame les loix de l'humanité & d'une sage égalité ; mais quand je considère cette Nature, je la vois souvent en contradiction avec ses principes, & tout m'y paroît fubordonné. Les animaux ont leurs Empires, des Rois, des Chefs, & leur règne eft paifible ; une main invifible & bienfaifante femble conduire leur adminiftration. Je ne fuis pas tout-à-fait l'ennemie des principes de M. *Briffot*, mais je les crois impraticables chez les hommes : avant lui j'ai traité cette matière. J'ai ôfé, après l'augufte Auteur du Contrat Social, donner le Bonheur Primitif de l'Homme, publié en 1789. C'eft un Roman que j'ai fait, & jamais les hommes ne feront affez purs, affez grands pour remonter à ce bonheur primitif, que je n'ai trouvé que dans une heureufe fiction. Ah ! s'il étoit poffible qu'ils puffent y arriver, les loix fages & humaines que j'établis dans ce contrat focial, rendroient tous les hommes frères, le Soleil feroit le vrai Dieu qu'ils invoqueroient ; mais toujours varians, le Contrat Social, le Bonheur Primitif & l'Ouvrage *augufte* de M. *Briffot* feront toujours des chimères, & non une utile inftruction. Les imitations de Jean-Jacques font défigurées dans ce nouveau régime,

que seroient donc *celles* de Mme *de Gouges*
& *celles* de M. *Briſſot?* Il eſt aiſé, même
au plus ignorant, de faire des révolutions
ſur quelques cahiers de papier ; mais,
hélas ! l'expérience de tous les Peuples, &
celle que font les François, m'apprennent
que les plus ſavans & les plus ſages n'éta-
bliſſent pas leurs doctrines ſans produire
des maux de toutes eſpèces. Voilà ce
que nous offre l'hiſtoire de tous les pays.

Je m'écarte du but de ma Préface, &
le tems ne me permet pas de donner un
libre cours à des raiſons philoſophiques. Il
s'agiſſoit de juſtifier l'*Eſclavage des Noirs*,
que les odieux Colons avoient proſcrit,
& préſenté comme un ouvrage incendiaire.
Que le public juge & prononce, j'attends
ſon arrêt pour ma juſtification.

PERSONNAGES.

ZAMOR, Indien inſtruit.

MIRZA, jeune Indienne, amante de Zamor.

M. DE SAINT-FRÉMONT, Gouverneur d'une Iſle dans l'Inde.

Mme DE SAINT-FRÉMONT, ſon épouſe.

VALERE, Gentilhomme François, époux de Sophie.

SOPHIE, fille naturelle de M. de Saint-Frémont.

BETZI, Femme de Chambre de Mme de Saint-Frémont.

CAROLINE, Eſclave.

UN INDIEN, Intendant des Eſclaves de M. de Saint-Frémont.

AZOR, Valet de M. de Saint-Frémont.

M. DE BELFORT, Major de la Garniſon.

UN JUGE.

UN DOMESTIQUE de M. de Saint-Frémont.

UN VIEILLARD INDIEN.

PLUSIEURS HABITANS INDIENS des deux sèxes, & Eſclaves.

GRENADIERS ET SOLDATS FRANÇOIS.

La Scène ſe paſſe, au premier Acte, dans une Iſle déſerte ; au ſecond, dans une grande Ville des Indes, voiſine de cette Iſle, & au troiſième, dans une Habitation proche cette Ville.

L'ESCLAVAGE
DES NOIRS,
OU
L'HEUREUX NAUFRAGE.

ACTE PREMIER.

Le Théâtre repréſente le rivage d'une Iſle déſerte, bordée & environnée de rochers eſcarpés, à travers leſquels on apperçoit la pleine mer dans le lointain. Sur un des côtés en avant eſt l'ouverture d'une cabanne entourée d'arbres fruitiers du climat : l'autre côté eſt rempli par l'entrée d'une forêt qui paroît impénétrable. Au moment où le rideau ſe lève, une tempête agite les flots : on voit un navire qui vient ſe briſer ſur la côte. Les vents s'appaiſent & la mer ſe calme peu à peu.

SCÈNE PREMIÈRE.
ZAMOR, MIRZA.
ZAMOR.

DISSIPE tes frayeurs, ma chère Mirza ; ce vaiſſeau n'eſt point envoyé par nos perſé-cuteurs ; autant que je puis en juger il eſt François. Hélas ! il vient de ſe briſer ſur ces côtes, perſonne de l'équipage ne s'eſt ſauvé.

M I R Z A.

Zamor, je ne crains que pour toi ; le supplice n'a rien qui m'effraie ; je bénirai mon sort si nous terminons nos jours ensemble.

Z A M O R.

O ma Mirza ! que tu m'attendris !

M I R Z A.

Hélas ! qu'as-tu fait ? mon amour t'a rendu coupable. Sans la malheureuse Mirza tu n'aurois jamais fui le meilleur de tous les Maîtres, & tu n'aurois pas tué son homme de confiance.

Z A M O R.

Le barbare ! il t'aima, & ce fut pour devenir ton tyran. L'amour le rendit féroce. Le tigre osa me charger du châtiment qu'il t'infligeoit pour n'avoir pas voulu répondre à sa passion effrénée. L'éducation que notre Gouverneur m'avoit fait donner ajoutoit à la sensibilité de mes mœurs sauvages, & me rendoit encore plus insupportable le despotisme affreux qui me commandoit ton supplice.

M I R Z A.

Il falloit me laisser mourir ; tu serois auprès de notre Gouverneur qui te chérit comme son enfant. J'ai causé tes malheurs & les siens.

ZAMOR.

Moi, te laiſſer périr! ah! Dieux! Eh! pourquoi me rappeller les vertus & les bontés de ce reſpectable Maître? J'ai fait mon devoir auprès de lui : j'ai payé ſes bienfaits, plutôt par la tendreſſe d'un fils, que par le dévouement d'un eſclave. Il me croit coupable, & voilà ce qui rend mon tourment plus affreux. Il ne ſait point quel monſtre il avoit honoré de ſa confiance. J'ai ſauvé mes ſemblables de ſa tyrannie ; mais, ma chère Mirza, perdons un ſouvenir trop cher & trop funeſte : nous n'avons plus de protecteurs que la Nature. Mère bienfaiſante ! tu connois notre innocence. Non, tu ne nous abandonneras pas, & ces lieux déſerts nous cacheront à tous les yeux.

MIRZA.

Le peu que je ſais, je te le dois, Zamor ; mais dis-moi pourquoi les Européens & les Habitans ont-ils tant d'avantage ſur nous, pauvres eſclaves? Ils ſont cependant faits comme nous : nous ſommes des hommes comme eux : pourquoi donc une ſi grande différence de leur eſpèce à la nôtre?

ZAMOR.

Cette différence eſt bien peu de choſe ; elle n'exiſte que dans la couleur ; mais les avantages qu'ils ont fur nous font immenfes. L'art les a mis au-deffus de la Nature : l'inftruction en a fait des Dieux , & nous ne fommes que des hommes. Ils fe fervent de nous dans ces climats comme ils fe fervent des animaux dans les leurs. Ils font venus dans ces contrées, fe font emparés des terres, des fortunes des Naturels des Ifles , & ces fiers raviffeurs des propriétés d'un peuple doux & paifible dans fes foyers, firent couler tout le fang de fes nobles victimes, fe partagèrent entr'eux fes dépouilles fanglantes, & nous ont faits efclaves pour récompenfe des richeffes qu'ils ont ravies, & que nous leur confervons. Ce font ces propres champs qu'ils moiffonnent, femés de cadavres d'Habitans, & ces moiffons font actuellement arrofées de nos fueurs & de nos larmes. La plupart de ces maîtres barbares nous traitent avec une cruauté qui fait frémir la Nature. Notre efpèce trop malheureufe s'eft habituées à ces châtimens. Ils fe gardent bien de nous inftruire. Si nos yeux venoient à s'ouvrir, nous aurions horreur de l'état où ils nous ont réduits , & nous pourrions fecouer un joug auffi cruel que honteux ; mais eft-il en notre pouvoir de changer notre fort ? L'homme avili par l'efclavage a perdu toute fon énergie, & les plus abrutis d'entre nous

font les moins malheureux. J'ai témoigné toujours le même zèle à mon maître ; mais je
me fuis bien gardé de faire connoître ma façon
de penfer à mes camarades. Dieu ! détourne
le préfage qui menace encore ce climat,
amollis le cœur de nos Tyrans, & rends à
l'homme le droit qu'il a perdu dans le fein
même de la Nature.

M I R Z A.

Que nous fommes à plaindre !

Z A M O R.

Peut-être avant peu notre fort va changer.
Une morale douce & confolante a fait tomber
en Europe le voile de l'erreur. Les hommes
éclairés jettent fur nous des regards attendris :
nous leur devrons le retour de cette précieufe
liberté, le premier tréfor de l'homme, & dont
des ravifleurs cruels nous ont privés depuis fi
long-tems.

M I R Z A.

Je ferois bien contente d'être auffi inftruite
que toi ; mais je ne fais que t'aimer.

Z A M O R.

Ta naïveté me charme ; c'eft l'empreinte
de la Nature. Je te quitte un moment. Va

cueillir des fruits. Je vais faire un tour au bas de la côte pour y rassembler les débris de ce naufrage. Mais, que vois-je ! une femme qui lutte contre les flots ! Ah ! Mirza, je vole à son secours. L'excès du malheur doit-il dispenser d'être humain ? (*Il descend du côté du rocher.*)

SCÈNE II.

MIRZA, *seule.*

Zamor va sauver cette infortunée ! Puis-je ne pas adorer un cœur si tendre, si compâtissant ? A présent que je suis malheureuse, je sens mieux combien il est doux de soulager le malheur des autres. (*Elle sort du côté de la forêt.*)

SCÈNE III.

VALÈRE, *seul, entre par le côté opposé à celui où Mirza est sortie.*

Rien ne paroît sur les vagues encore émues. O ma femme ! tu es perdue à jamais ! Eh ! pourrois-je te survivre ? Non : il faut me réunir à toi. J'ai recueilli mes forces pour te sauver la vie,

vie, & j'ai feul échappé à la fureur des flots. Je ne refpire qu'avec horreur : féparé de toi, chaque inftant redouble mes peines. En vain je te cherche, en vain je t'appelle : Ta voix retentit dans mon cœur, mais elle ne frappe pas mon oreille. Je te fuis. (*Il defcend avec peine & tombe au fond du Théâtre appuyé fur une roche.*) Un nuage épais couvre mes yeux, ma force m'abandonne ! Grand Dieu, accorde-moi celle de me traîner jufqu'à la mer ! Je ne puis plus me foutenir. (*Il refte immobile d'é-puifement.*)

SCÈNE IV.

VALÈRE, MIRZA.

MIRZA, *accourant & appercevant Valère.*

AH ! Dieu ! Quel eft cet homme ? S'il venoit pour fe faifir de Zamor & me féparer de lui ! Hélas ! que deviendrois-je ? Mais, non, il n'a peut-être pas un fi mauvais deffein ; ce n'eft pas un de nos perfécuteurs. Je fouffre.... Malgré mes craintes, je ne puis m'empêcher de le fecourir. Je ne puis plus long-tems le voir en cet état. Il a l'air d'un François. (*A Valère.*) Monfieur, Monfieur le François....

Il ne répond point. Que faire? (*Elle appelle.*) Zamor, Zamor, (*Avec réflexion.*) Montons sur le rocher pour voir s'il vient. (*Elle y court & en redescend aussi-tôt.*) Je ne le vois pas. (*Elle revient à Valère.*) François, François, réponds-moi? Il ne répond pas. Quels secours puis-je lui donner? Je n'ai rien, que je suis malheureuse! (*Prenant le bras de Valère & lui frappant dans la main.*) Pauvre étranger, il est bien malade, & Zamor ne revient pas : il a plus de force que moi ; mais allons chercher dans notre cabanne de quoi le faire revenir. (*Elle sort.*)

SCÈNE V.

VALÈRE, ZAMOR, SOPHIE.

ZAMOR, *entrant du côté du rocher, & portant sur ses bras Sophie qui paroît évanouie, vêtue d'une robe blanche à la lévite, avec une ceinture & les cheveux épars.*

REPRENEZ vos forces, Madame, je ne suis qu'un esclave Indien, mais je vous donnerai du secours.

SOPHIE, *d'une voix expirante.*

Qui que vous foyiez, laiffez-moi. Votre pitié m'eft plus cruelle que les flots. J'ai perdu ce que j'avois de plus cher. La vie m'eft odieufe. O Valère ! O mon époux ! qu'es-tu devenu ?

VALÈRE.

Quelle voix fe fait entendre ? Sophie !

SOPHIE, *l'apperçoit.*

Que vois-je...... C'eft lui !

VALÈRE, *fe levant & tombant aux pieds de Sophie.*

Grand Dieu ! vous me rendez ma Sophie ! O chère époufe ! objet de mes larmes & de ma tendreffe ! Je fuccombe à ma douleur & à ma joie.

SOPHIE.

Providence divine ! tu m'as fauvée ! achève ton ouvrage, & rends moi mon père.

SCÈNE VI.

VALÈRE, ZAMOR, SOPHIE, MIRZA, *apportant des fruits & de l'eau ; elle entre en courant, & surprise de voir une femme, elle s'arrête.*

ZAMOR.

APPROCHE, Mirza, ne crains rien. Ce font deux infortunés comme nous ; ils ont des droits fur notre ame.

VALÈRE.

Être compâtiffant à qui je dois la vie & celle de mon époufe ! tu n'es point un Sauvage ; tu n'en as ni le langage ni les mœurs. Es-tu le maître de cette Ifle ?

ZAMOR.

Non, mais nous l'habitons feuls depuis quelques jours. Vous me paroiffez François. Si la fociété d'efclaves ne vous femble pas méprifable, c'eft de bon cœur qu'ils partageront avec vous la poffeffion de cette Ifle, & fi le deftin le veut, nous finirons nos jours enfemble.

SOPHIE, *à Valère.*

Que ce langage m'intéreffe ! (*Aux Ef-claves.*) Mortels généreux, j'accepterois vos offres, si je n'allois plus loin chercher un père que peut-être je ne retrouverai jamais ! Depuis deux ans que nous errons sur les mers, nous n'avons pu le découvrir.

VALÈRE.

Eh bien ! restons dans ces lieux : acceptons pour quelque-tems l'hospitalité de ces Indiens, & sois persuadée, ma chère Sophie, qu'à force de persévérance nous découvrirons l'auteur de tes jours dans ce Continent.

SOPHIE.

Cruelle destinée ! nous avons tout perdu, comment continuer nos recherches ?

VALÈRE.

Je partage ta peine. (*Aux Indiens.*) Généreux mortels, ne nous abandonnez pas.

MIRZA.

Nous, vous abandonner ! Jamais, non, jamais.

ZAMOR.

Oui, ma chère Mirza, consolons-les dans leurs infortunes. (*A Valère & à Sophie.*) Reposez-vous sur moi ; je vais parcourir tous les environs du rocher : si les pertes que vous avez faites sont parmi les débris du vaisseau,

je vous promets de vous les apporter. Entrez
dans notre cabane, Étrangers malheureux :
vous avez befoin de repos ; je vais tâcher de
rendre le calme à vos efprits agités.

S O P H I E.

Mortels compâtiffans, que de graces nous
avons à vous rendre ! vous nous avez fauvé
la vie, comment m'acquitter jamais envers
vous ?

Z A M O R.

Vous ne me devez rien, en vous fecourant
je ne fais qu'obéïr à la voix de mon cœur.
(*Il fort.*)

S C È N E   V I I.

MIRZA, SOPHIE, VALÈRE,

M I R Z A, *à Sophie.*

JE vous aime bien, quoique vous ne foyez
pas efclave. Venez, j'aurai foin de vous.
Donnez-moi votre bras. Ah ! la jolie main,
quelle différence avec la mienne ! Afféyons-
nous ici. (*Avec gaieté.*) Que je fuis contente
d'être avec vous ! Vous êtes auffi belle que
la femme de notre Gouverneur.

SOPHIE.

Oui ? vous avez donc un Gouverneur dans
cette Ifle ?

VALÈRE.

Il me femble que vous nous avez dit que
vous l'habitiez feule ?

MIRZA, *avec franchife.*

Oh ! c'eft bien vrai, & Zamor ne vous
a point trompés. Je vous ai parlé du Gouverneur de la Colonie, qui n'habite pas avec
nous. (*A part.*) Il faut prendre garde à ce
que je vais dire ; car s'il favoit que Zamor
a tué un blanc, il ne voudroit pas refter avec
nous.

SOPHIE, *à Valère.*

Son ingénuité m'enchante ; fa phyfionomie
eft douce ; & prévient en fa faveur.

VALÈRE,

Je n'ai pas vu de plus jolie Négreffe.

MIRZA.

Vous vous moquez, je ne fuis pas cependant la plus jolie ; mais, dites-moi, les Fran-
çoifes font-elles toutes auffi belles que vous ?
Elles doivent l'être, car les François font tous
bons, & vous n'êtes pas efclaves.

VALÈRE.

Non, les François voient avec horreur l'esclavage. Plus libres un jour ils s'occuperont d'adoucir votre sort.

MIRZA, *avec surprise.*

Plus libres un jour, comment, est-ce que vous ne l'êtes pas ?

VALÈRE.

Nous sommes libres en apparence, mais nos fers n'en sont que plus pesans. Depuis plusieurs siècles les François gémissent sous le despotisme des Ministres & des Courtisans. Le pouvoir d'un seul Maître est dans les mains de mille Tyrans qui foulent son Peuple. Ce Peuple un jour brisera ses fers, & reprenant tous ses droits écrits dans les loix de la Nature, apprendra à ces Tyrans ce que peut l'union d'un peuple trop long-tems opprimé, & éclairé par une saine philosophie.

MIRZA.

Oh ! bon Dieu ! Il y a donc par-tout des hommes méchans !

S C È N E V I I I.

ZAMOR, *sur le rocher*, SOPHIE, VALÈRE, MIRZA.

Z A M O R.

C'EN est fait, malheureux Étrangers! vous n'avez plus d'espoir. Une vague vient d'engloutir le reste de l'équipage avec toutes vos espérances.

S O P H I E.

Hélas! qu'allons-nous devenir?

V A L È R E.

Un vaisseau peut aborder dans cette Isle.

Z A M O R.

Vous ne connoissez pas, malheureux Étrangers, combien cette côte est dangereuse. Il n'y a que des infortunés comme Mirza & moi, qui aient osé s'en approcher & vaincre tout péril pour l'habiter. Nous ne sommes cependant qu'à deux lieues d'une des plus grandes villes de l'Inde; ville que je ne reverrai jamais à moins que nos tyrans ne viennent nous arracher d'ici pour nous faire éprouver le supplice auquel nous sommes condamnés.

S O P H I E.

Le supplice!

V A L È R E.

Quel crime avez-vous commis l'un & l'autre ?
Ah ! je le vois ; vous êtes trop instruit pour un
esclave, & votre éducation a sans doute coûté
cher à celui qui vous l'a donnée.

Z A M O R.

Monsieur, n'ayez point sur moi les préjugés
de vos semblables. J'avois un Maître qui m'é-
toit cher ; j'aurois sacrifié ma vie pour prolonger ses jours ; mais son Intendant étoit un
monstre dont j'ai purgé la terre. Il aima Mirza ;
mais son amour fut méprisé. Il apprit qu'elle
me préféroit, & dans sa fureur il me fit éprouver
des traitemens affreux ; mais le plus terrible
fut d'exiger de moi que je devinsse l'instru-
ment de sa vengeance contre ma chère Mirza.
Je rejettai avec horreur une pareille commission.
Irrité de ma désobéissance, il courut sur moi
l'épée nue ; j'évitai le coup qu'il vouloit me
porter ; je le désarmai, & il tomba mort à
mes pieds. Je n'eus que le tems d'enlever
Mirza & de fuir avec elle dans une chaloupe.

S O P H I E.

Que je le plains, ce malheureux ! Quoiqu'il ait commis un meurtre, son meurtre
me paroit digne de grace.

VALÈRE.

Je m'intéresse à leur sort, ils m'ont rappellé
à la vie, ils ont sauvé la tienne : je les défendrai aux dépens de mes jours. J'irai moi-même
voir son Gouverneur : S'il est François, il doit
être humain & généreux.

ZAMOR.

Oui, Monsieur, il est François, & le meilleur des hommes.

MIRZA.

Ah ! si tous les Colons lui ressembloient,
nous serions moins malheureux.

ZAMOR.

Je fus à lui dès l'age de huit ans, il se
plaisoit à me faire instruire, & m'aimoit comme
si j'eusse été son fils ; car il n'en a jamais eu,
ou peut-être en est-il privé ; il semble regretter
quelque chose. On l'entend quelquefois sou-
pirer ; sûrement il s'efforce de cacher quelque
grand chagrin. Je l'ai surpris souvent versant
des larmes ; il adore sa femme, & elle le paie
bien de retour. S'il ne dépendoit que de lui,
j'aurois ma grace ; mais il faut un exemple. Il
n'y a point de pardon à espérer pour un esclave
qui a levé la main sur son Commandeur.

S O P H I E, *à Valère.*

Je ne fais pourquoi ce Gouverneur m'intéreffe. Le récit de fes chagrins oppreffe mon cœur ; il eft généreux, clément : il peut vous pardonner. J'irai moi-même me jetter à fes pieds. Son nom ? Si nous pouvions fortir de cette Ifle.

Z A M O R.

Il fe nomme Monfieur de Saint-Frémont.

S O P H I E.

Hélas ! ce nom ne m'eft point connu ; mais n'importe, il eft François : il m'entendra, & j'efpère le fléchir. (*A Valère.*) Si avec la chaloupe qui les a fauvés, nous pouvions nous conduire au port, il n'y a point de péril que je n'affronte pour les défendre.

V A L È R E.

Je t'admire, ma chère Sophie ! j'approuve ton deffein : nous n'avons qu'à nous rendre auprès de leur Gouverneur. (*Aux Efclaves.*) Mes amis, cette démarche nous acquitte foiblement envers vous. Heureux fi nos prières & nos larmes touchent votre généreux Maître ! Partons, mais que vois-je ? des efclaves qui nous examinent & qui viennent avec précipitation vers nous. Ils apportent des chaînes.

SOPHIE.

Malheureux, vous êtes perdus !

ZAMOR, *se retourne, & voyant les Esclaves.*

Mirza, c'en est fait ! nous sommes décou-
verts.

SCÈNE IX.

LES PRÉCÉDENS, UN INDIEN, *plusieurs Esclaves qui descendent du rocher en courant.*

L'INDIEN, *à Zamor.*

Scélérat ! enfin, je te trouve ; tu n'é-
chapperas pas au supplice.

MIRZA.

Qu'on me fasse mourir avant lui !

ZAMOR.

O ma chère Mirza !

L'INDIEN.

Qu'on les enchaîne.

VALÈRE.

Monsieur, écoutez nos prières ! Qu'allez-
vous faire de ces Esclaves ?

L'INDIEN.

Un exemple terrible.

SOPHIE.

Vous les emmenez pour les faire mourir? Vous nous ôterez plutôt la vie, avant de les arracher de nos bras.

VALÈRE.

Que fais-tu? ma chère Sophie! Nous pouvons tout espérer de l'indulgence du Gouverneur.

L'INDIEN.

Ne vous en flattez pas. Monsieur le Gouverneur doit un exemple à la Colonie. Vous ne connoissez point cette maudite race ; ils nous égorgeroient sans pitié si la voix de l'humanité nous parloit en leur faveur. Voilà ce qu'on doit toujours attendre même des Esclaves qu'on instruit. Ils sont nés pour être sauvages, & domptés comme les animaux.

SOPHIE.

Quel affreux préjugé ! La Nature ne les a point faits Esclaves ; ils sont hommes comme vous.

L'INDIEN.

Quel langage tenez vous-là, Madame ?

SOPHIE.

Le même que je tiendrois à votre Gouverneur. C'eſt par reconnoiſſance que je m'intéreſſe à ces infortunés, qui connoiſſent mieux que vous les droits de la pitié, & celui dont vous tenez la place étoit ſans doute un homme atroce.

ZAMOR.

Ah! Madame, ceſſez de le prier; ſon ame eſt endurcie & ne connoît point l'humanité. Il eſt de ſon emploi de ſignaler tous les jours cette rigueur. Il croiroit manquer à ſon devoir, s'il ne la pouſſoit pas juſqu'à la cruauté.

L'INDIEN.

Malheureux!

ZAMOR.

Je ne te crains plus. Je connois mon ſort & je le ſubirai.

SOPHIE.

Que leur malheur les rend intéreſſans! Que ne ferois-je point pour les ſauver!

VALÈRE, *à l'Indien.*

Emmenez-nous, Monſieur, avec eux. Vous nous obligerez de nous retirer d'ici. (*A part.*) J'eſpère fléchir le Gouverneur.

L'INDIEN.

J'y confens avec plaifir, d'autant plus que le danger pour fortir de cette Ifle n'eft pas le même que pour y arriver.

VALÈRE.

Mais, Monfieur, comment avez-vous pû y aborder ?

L'INDIEN.

J'ai tout rifqué pour le bien de la Colonie. Voyez s'il eft poffible de leur faire grace. Nous ne fommes plus les Maîtres de nos Efclaves. Les jours de notre Gouverneur font peut-être en danger, & ces deux miférables ne feront pas plutôt punis, que le calme renaîtra dans les habitations. (*Aux Nègres.*) Nègres, qu'on tire le canon, & que le fignal convenu annonce au Fort que les criminels font pris.

ZAMOR.

Allons, Mirza, allons mourir.

MIRZA.

Ah ! Dieu ! je fuis caufe de ta mort.

ZAMOR.

Z A M O R.

La bonne action que nous avons faite en
sauvant ces Étrangers jettera quelques charmes
sur nos derniers momens, & nous goûterons
au moins la douceur de mourir ensemble.

*On emmène Zamor & Mirza ; les autres
personnages les suivent, & tous vont s'embarquer. Un instant après on voit passer
le navire qui les porte.*

Fin du premier Acte.

C

ACTE II.

Le Théâtre change & représente un Salon de Compagnie meublé à l'Indienne.

SCÈNE PREMIÈRE.

BETZI, AZOR.

BETZI.

EH bien, Azor, que dit-on de Mirza & de Zamor? On les fait chercher par-tout.

AZOR.

On parle de les faire mourir sur le rocher de l'habitation ; je crois même qu'on fait les préparatifs de leur supplice. Je tremble qu'on ne les trouve.

BETZI.

Mais, Monsieur le Gouverneur peut leur faire grace. Il en est le maître.

AZOR.

Il faut que cela soit impossible ; car il aime Zamor, & il dit qu'il n'a jamais eu à se plaindre de lui. Toute la Colonie demande leur mort, & il ne peut la refuſer ſans ſe compromettre.

B E T Z I.

Notre Gouverneur n'étoit point fait pour être un tyran.

A Z O R.

Comme il eſt bon avec nous! Tous les François ſont de même; mais les Naturels du pays ſont bien plus cruels.

B E T Z I.

L'on m'a aſſuré que dans les premiers tems nous n'étions pas eſclaves.

A Z O R.

Tout nous porte à le croire. Il y a encore des climats où les Nègres ſont libres.

B E T Z I.

Qu'ils ſont heureux!

A Z O R.

Ah! nous ſommes bien à plaindre.

B E T Z I.

Et perſonne ne prend notre défenſe! On nous défend même de prier pour nos ſemblables.

A z o r.

Hélas ! le père & la mère de la malheureuse Mirza feront témoins du fupplice de leur
fille.

B e t z i.

Quelle férocité !

A z o r.

Voilà comme on nous traite.

B e t z i.

Mais, dis - moi, Azor, pourquoi Zamor
a-t-il tué l'Intendant ?

A z o r.

On m'a affuré que c'étoit par jaloufie. Tu
fais bien que Zamor étoit l'amant de Mirza.

B e t z i.

Oui, c'eft toi qui me l'as appris.

A z o r.

Le Commandeur l'aimoit auffi.

B e t z i.

Mais il ne devoit point le tuer pour cela.

A z o r.

Il eft vrai.

BETZI.

Il y avoit d'autre raisons.

AZOR.

Cela se peut bien , mais je les ignore.

BETZI.

Si on pouvoit les faire échapper , je suis sûre que Monsieur & Madame de St - Frémont n'en seroient pas fâchés.

AZOR.

Je le crois bien , mais ceux qui les serviroient s'exposeroient beaucoup.

BETZI.

Sans doute ; mais il n'y auroit pas punition de mort.

AZOR.

Peut-être , je sais bien toujours que je ne m'y exposerois pas.

BETZI.

Il faudroit du moins parler à leurs amis ; ils pourroient gagner les autres esclaves. Ils aiment tous Zamor & Mirza.

AZOR.

On parle de faire mettre le régiment sous les armes.

BETZI.

Il n'y a plus d'espoir.

AZOR.

Nous devons au contraire, pour le bien de nos camarades, les exhorter à l'obéissance.

BETZI.

Tu as raison : fais-le si tu peux, car je n'en aurois jamais la force.

SCÈNE II.

LES PRÉCÉDENS, CORALINE.

CORALINE, *en courant.*

O mes chers camarades ! quelle mauvaise nouvelle je viens vous apprendre ! On assure qu'on a entendu le canon & que Zamor & Mirza sont pris.

AZOR.

Allons donc, cela n'est pas possible, Coraline.

BETZI.

Grand Dieu !

CORALINE.

J'étois sur le port au moment qu'on annonçoit cette malheureuse nouvelle. Plusieurs Colons attendoient avec impatience un navire qu'on découvroit dans le lointain. Il est enfin entré au port, & aussi-tôt tous les habitans l'ont entouré, & moi, toute tremblante, je me suis enfuie. Pauvre Mirza ! malheureux Zamor ! nos tyrans ne leur feront pas grace.

AZOR.

Oh ! je t'en réponds bien ; ils seront bientôt morts.

BETZI.

Sans être entendus ? sans être jugés ?

CORALINE.

Jugés ! il nous est défendu d'être innocens & de nous justifier.

AZOR.

Quelle générosité ! & on nous vend par-dessus au marché comme des bœufs.

BETZI.

Un commerce d'hommes ! O Ciel ! l'humanité répugne.

A Z O R.

C'eſt bien vrai, mon père & moi avons été achetés à la Côte de Guinée.

C O R A L I N E.

Bon, bon, mon pauvre Azor, va, quelque ſoit notre déplorable ſort, j'ai un preſſentiment que nous ne ſerons pas toujours dans les fers, & peut-être avant peu......

A Z O R.

Eh bien! qu'eſt ce que nous verrons? Serons nous maîtres à notre tour?

C O R A L I N E.

Peut-être; mais non, nous ſerions trop méchans. Tiens, pour être bon, il ne faut être ni maître ni eſclave.

A Z O R.

Ni maître, ni eſclave; oh! oh! & que veux-tu donc que nous ſoyons? Sais-tu, Coraline, que tu ne ſais plus ce que tu dis, quoique nos camarades aſſurent que tu en ſais plus que nous?

C O R A L I N E.

Va, va, mon pauvre garçon, ſi tu ſavois ce que je ſais! J'ai lu dans un certain Livre, que pour être heureux il ne ſalloit qu'être libre & bon Cultivateur. Il ne nous manque que la liberté, qu'on nous la donne, & tu verras qu'il n'y aura plus ni maîtres ni esclaves.

A z o r.

Je ne t'entends pas.

B e t z i.

Ni moi non plus.

C o r a l i n e.

Mon Dieu, que vous êtes bons l'un & l'autre ! Dites-moi, Zamor n'avoit-il pas sa liberté ? A-t-il pour cela voulu quitter notre bon Maître ; nous ferons tous la même chose. Que les Maîtres donnent la liberté, aucun Esclave ne quittera les atteliers. Insensiblement les plus sauvages d'entre nous s'instruiront, reconnoîtront les loix de l'humanité & de la justice, & nos supérieurs trouveront dans notre attachement, dans notre zèle, la récompense de ce bienfait.

A z o r.

Tu parles comme un homme ! Je crois entendre M. le Gouverneur....... Oh ! qu'il faut avoir de l'esprit pour retenir tout ce que les autres disent. Mais, voici Madame.

BETZI.

Voici Madame, taifons-nous.

CORALINE.

Il ne faut pas dire à Madame que l'on craint que Zamor ne foit pris. Cela lui feroit trop de peine.

AZOR.

Oh ! oui.

SCÈNE III.

LES PRÉCÉDENS, Mme DE ST-FRÉMONT.

Mme DE SAINT-FRÉMONT.

MES enfans, j'ai befoin d'être feule. Laiffez moi, & n'entrez point que je ne vous appelle, ou que vous n'ayez quelque nouvelle à m'annoncer. (*Ils fortent.*)

SCÈNE IV.

Mme DE SAINT-FRÉMONT, *feule.*

MON époux eft forti pour cette malheureufe affaire ; il eft allé dans une des habitations où l'on demandoit fa préfence. Depuis cette cataſtrophe la révolte règne dans l'eſprit de nos eſclaves. Tous ſoutiennent que Zamor eſt innocent, & qu'il n'a tué le Commandeur que parce qu'il s'y eſt vu forcé ; mais les Colons ſe ſont réunis pour demander la mort de Mirza & de Zamor, & on les fait chercher par-tout. Mon mari voudroit bien faire grace à Zamor, quoiqu'il ait prononcé ſon arrêt, ainſi que celui de la pauvre Mirza, qui doit périr avec ſon amant. Hélas ! l'attente de leur ſupplice me jette dans une triſteſſe profonde. Je ne ſuis donc pas née pour être heureuſe ! En vain je ſuis adorée de mon époux : mon amour ne peut vaincre la mélancolie qui le conſume. Depuis plus de dix ans il ſouffre, & je ne puis deviner la cauſe de ſa douleur. C'eſt le ſeul de ſes ſecrets dont je ne ſois pas dépoſitaire. Il faut, lorſqu'il ſera de retour, que je redouble d'efforts pour le lui arracher. Mais je l'entends.

SCÈNE V.

Mme DE SAINT-FRÉMONT, M. DE SAINT-FRÉMONT.

Mme DE SAINT-FRÉMONT.

EH bien ! mon ami, votre préfence a-t-elle diffipé cette fermentation ?

M. DE SAINT-FRÉMONT.

Tous mes efclaves font rentrés dans leur devoir ; mais ils me demandent la grace de Zamor. Cette affaire eft bien délicate, (*Apart.*) & pour comble de malheurs, je viens de recevoir de France des nouvelles qui me déchirent le cœur.

Mme DE SAINT-FRÉMONT.

Que dis-tu, mon ami, tu fembles te faire des reproches. Ah ! fi tu n'es coupable qu'envers moi, je te pardonne tout pourvu que ton cœur me refle. Tu détournes les yeux ; je vois couler tes larmes. Ah ! mon ami, je n'ai plus votre confiance ; je vous deviens importune ; je vais me retirer.

M. DE SAINT-FRÉMONT.

Toi, me devenir importune ! jamais, jamais. Ah ! fi j'avois pu m'écarter de mon

devoir, ta seule douceur me rameneroit à
tes pieds, & tes grandes vertus me rendroient
encore plus amoureux de tes charmes.

Mᵐᵉ DE SAINT-FRÉMONT.

Mais tu me caches un secret ennui. Avoue-le
moi. Tes soupirs étouffés me le font soup-
çonner. La France te fut chère ; c'est ta
Patrie. . . . . . Peut-être une inclination. . . . .

M. DE SAINT-FRÉMONT.

Arrête, arrête, chère épouse, & ne viens
point r'ouvrir une plaie qui s'étoit fermée
auprès de toi. Je crains de t'affliger.

Mᵐᵉ DE SAINT-FRÉMONT.

Si je te fus chère, il faut m'en donner une
preuve.

M. DE SAINT-FRÉMONT.

Laquelle exiges-tu ?

Mᵐᵉ DE SAINT-FRÉMONT.

Celle de me révéler les causes de ton af-
fliction.

M. DE SAINT-FRÉMONT

Tu le veux ?

Mᵐᵉ DE SAINT-FRÉMONT.

Je l'exige ; fais - toi pardonner, par cette
complaisance, ce secret que tu m'as gardé si
long-tems.

M. DE SAINT-FRÉMONT.

J'obéis. Je suis d'une Province où des loix injustes & inhumaines privent les enfans cadets du partage égal que la Nature donne aux enfans nés du même père & de la même mère. J'étois le plus jeune de sept ; mes parens m'envoyèrent à la Cour pour y demander de l'emploi ; mais comment aurois-je pu réussir dans un pays où la vertu est une chimère, & où l'on n'obtient rien sans intrigue ni bassesse. Cependant, j'y fis la connoissance d'un brave Gentilhomme Écossois qui y étoit venu dans le même dessein. Il n'étoit pas riche, & avoit une fille au Couvent : il m'y mena. Cette entrevue nous devint funeste à tous les deux. Le père, au bout de quelques mois, partit pour l'armée : il me recommanda d'aller voir sa fille, & dit même qu'on pouvoit me la confier quand elle voudroit sortir. Ce brave ami, ce bon père, ne prévoyoit pas les suites que son imprudence occasionna. Il fut tué dans une bataille. Sa fille resta seule dans le monde, sans parens & sans connoissances. Elle ne voyoit que moi, & paroissoit ne désirer que ma présence. L'amour me rendit coupable : Épargne-moi le reste : je fis le serment d'être son époux ; voilà mon crime.

Mme. DE SAINT-FRÉMONT.

Mais, mon ami, vous êtes-vous déterminé vous-même à l'abandonner ?

M. DE SAINT-FRÉMONT.

Qui, moi ? avoir abandonné une femme si intéressante ? Ah ! la plus longue absence ne me l'auroit jamais fait oublier. Je ne pouvois l'épouser sans le consentement de tous mes parens. Elle devint mère d'une fille. On découvrit notre liaison ; je fus éloigné. On obtint pour moi un brevet de Capitaine dans un régiment qui partoit pour l'Inde, & l'on me fit embarquer. Peu de tems après on me donna la fausse nouvelle que Clarisse étoit morte, & qu'il ne me restoit que ma fille. Je te voyois tous les jours ; ta présence affoiblit avec le tems l'impression que l'image de Clarisse faisoit encore sur mon cœur. Je sollicitai ta main, tu acceptas mes vœux, & nous fûmes unis ; mais par un raffinement de barbarie, le cruel parent qui m'avoit trompé m'apprit que Clarisse vivoit encore.

Mme. DE SAINT-FRÉMONT.

Hélas ! à quel funeste prix j'ai le bonheur d'être ton épouse ! mon ami, tu es plus malheureux que coupable. Clarisse elle-même te

pardonneroit, si elle étoit témoin de tes remords. Il faut faire les plus vives recherches,
pour que ton bien & le mien puissent t'acquitter
envers ces infortunés. Je n'ai point d'autres
parens que les tiens. Je fais ta fille mon héri-
tière ; mais ton cœur est un trésor qu'il n'est
pas en mon pouvoir de céder à une autre.

M. DE SAINT-FRÉMONT.

Ah ! digne épouse, j'admire tes vertus.
Hélas ! je ne vois que Clarisse qui fut capable
de les imiter. C'est donc aux deux extrémités
du monde que j'étois destiné à rencontrer ce
que le sexe a de plus vertueux & de plus
aimable !

Mme DE SAINT-FRÉMONT.

Tu mérites une compagne digne de toi ;
mais, mon ami, songe qu'en t'unissant avec
moi tu consentis à prendre le nom de mon
père, qui, en te donnant son nom, n'avoit
d'autre but que de te céder sa place comme à
son fils adoptif. Il faut écrire à tes parens,
sur-tout à tes plus fidèles amis, qu'ils fassent
de nouvelles recherches, & qu'ils nous donnent promptement des nouvelles de ces infortunés. Je crois, mon ami, que j'aurai la
force de m'éloigner de vous pour aller chercher

cher moi-même celle à qui vous avez donné le jour. Je fens que j'ai déjà pour elle des entrailles de mère ; mais en même - tems je frémis ! O mon ami, mon ami ! s'il falloit me féparer de vous ! Si Clariffe t'arrachoit de mes bras ! . . . . Ses malheurs, fes vertus, fes charmes. . . . . Ah ! pardonne, pardonne à mon défefpoir, pardonne-moi, cher époux, tu n'es pas capable de m'abandonner & de faire deux victimes pour une.

M. de Saint-Frémont.

Chère époufe ! O moitié de moi - même ! Ceffe de déchirer ce cœur déjà trop affligé. Clariffe ne vit plus fans doute, puifque depuis deux ans on me fait repaffer tous les fonds que j'envoie en France pour elle & pour ma fille. On ignore même ce qu'elles font devenues. Mais l'on vient ; nous reprendrons cette con-verfation.

D

SCÈNE VI.

M. ET Mme DE SAINT-FRÉMONT, UN JUGE.

LE JUGE.

Monsieur, je viens vous apprendre que les criminels sont pris.

Mme DE SAINT-FRÉMONT.

Comment ! sitôt ! le tems auroit pu effacer leur crime.

M. DE SAINT-FRÉMONT, *affligé.*

Quel affreux exemple je suis obligé de donner !

LE JUGE.

Rappellez-vous, Monsieur, dans cette circonstance la disgrace de votre beau-père. Il fut contraint de quitter sa place pour l'avoir exercée avec trop de bonté.

M. DE SAINT-FRÉMONT, *à part.*

Malheureux Zamor, tu vas périr ! je n'ai donc élevé ton enfance que pour te voir un jour traîner au supplice. (*Haut.*) Que mes soins lui deviennent funestes ! si je l'avois laiffé dans fes mœurs fauvages, il n'auroit peut-être pas commis ce crime. Il n'avoit point dans l'ame des inclinations vicieufes. L'honnêteté & la vertu le diftinguoient dans le fein de l'efclavage. Elevé dans une vie fimple & laborieufe, malgré l'inftruction qu'il avoit reçue, il n'oublioit jamais fon origine. Qu'il me feroit doux de pouvoir le juftifier! Comme fimple habitant, j'aurois pu peut-être adoucir fon arrêt; mais, comme Gouverneur, je fuis forcé de le livrer à toute la rigueur des loix.

LE JUGE.

Il eft néceffaire qu'on exécute fur-le-champ leur arrêt, d'autant plus que deux Européens ont excité une révolte générale parmi les Ef- claves. Ils ont dépeint votre Commandeur comme un monftre. Les Efclaves ont écouté avec avidité ces difcours féditieux, & tous ont promis de ne point exécuter les ordres qui leur ont été donnés.

M. DE SAINT-FRÉMONT.

Quels font ces étrangers?

LE JUGE.

Ce font des François qu'on a trouvés fur la côte où ces criminels s'étoient réfugiés. Ils prétendent que Zamor leur a confervé la vie.

M. DE SAINT-FRÉMONT.

Hélas! ces malheureux François sans doute ont fait naufrage, & la reconnoissance a produit seule ce zèle indiscret.

LE JUGE.

Vous voyez, Monsieur le Gouverneur, qu'il n'y a point de tems à perdre, si vous voulez éviter la ruine totale de nos habitations. C'est un mal désespéré.

M. DE SAINT-FRÉMONT.

Je n'ai point le bonheur d'être né dans vos climats ; mais quel empire n'ont point les malheureux sur les ames sensibles ! Ce n'est point votre faute si les mœurs de votre pays vous ont familiarisé avec ces traitemens durs que vous exercez sans remords sur des hommes qui n'ont d'autre défense que leur timidité, & dont les travaux, trop mal récompensés, accroissent notre fortune en augmentant notre autorité sur eux. Ils ont mille tyrans pour un. Les Souverains rendent leurs Peuples heureux : tout Citoyen est libre sous un bon Maître, & dans ce pays d'esclavage il faut être barbare malgré soi. Eh ! comment puis-je m'empêcher de me livrer à ces réflexions, quand la voix de l'humanité crie au fond de mon cœur :

«Sois bon & senfible aux cris des malheureux.»
Je fais que mon opinion doit vous déplaire :
l'Europe, cependant, prend foin de la juftifier,
& j'ofe efpérer qu'avant peu il n'y aura plus
d'efclaves. O Louis! O Monarque adoré!
que ne puis-je en ce moment mettre fous tes
yeux l'innocence de ces profcrits! En accor-
dant leur grace, tu rendrois la liberté à des
hommes trop long-tems méconnus; mais n'importe : vous voulez un exemple, il fe fera,
quoique les Noirs affurent que Zamor eft
innocent.

LE JUGE.

Pouvez-vous les en croire ?

M. DE SAINT-FRÉMONT.

Ils ne peuvent m'en impofer, & je connois
plus qu'eux les vertus de Zamor. Vous voulez
qu'il meure fans être entendu? J'y confens avec
regret; mais vous n'aurez point à me reprocher
d'avoir trahi les intérêts de la Colonie.

LE JUGE.

Vous le devez, Monfieur le Gouverneur,
dans cette affaire où vous voyez que nous
fommes menacés d'éprouver une révolte générale. Il faut donner des ordres pour faire
mettre les troupes fous les armes.

M. DE SAINT-FRÉMONT.

Suivez-moi ; nous allons voir le parti qu'il faut prendre.

Mᵐᵉ DE SAINT-FRÉMONT.

Mon ami, je vous vois sortir avec peine.

M. DE SAINT-FRÉMONT.

Ma présence est nécessaire pour rétablir l'ordre & la discipline.

SCÈNE VII.

Mme DE SAINT-FRÉMONT, *seule.*

QUE je plains ces malheureux ! c'en est fait ! Ils vont mourir. Quel chagrin pour mon époux ; mais un plus grand chagrin m'agite de nouveau. Tout ce qui porte le nom de Françoise m'épouvante ! Si c'étoit Clarisse ! Oh ! malheureuse, quel seroit mon sort. Je connois les vertus de mon époux, mais je suis sa femme. Non, non ! cessons de nous abuser ! Clarisse, dans le malheur, a de plus grands droits sur son âme ! Cachons le trouble qui m'agite.

SCÈNE VIII.

Mᵐᵉ DE SAINT-FRÉMONT, BETZI,
accourant.

Mᵐᵉ DE SAINT-FRÉMONT.

Qu'y-a-t-il de nouveau, Betzi ?

BETZI, *avec exaltation.*

Monsieur le Gouverneur n'est point ici ?

Mᵐᵉ DE SAINT-FRÉMONT.

Non, il vient de sortir, parle donc ?

BETZI.

Ah ! laissez-moi reprendre mes sens.....
Nous étions sur la terrasse ; de tems en tems
nous jettions tristement les yeux vers l'habitation. Nous voyons arriver de loin le père
de Mirza avec un autre Esclave ; au milieu
d'eux étoit une étrangère, les cheveux épars
& la douleur peinte sur son visage : ses yeux
étoient fixés vers la terre, & quoiqu'elle mar-
chât vîte, elle avoit l'air fort occupée. Lors-
qu'elle a été près de nous, elle a demandé
Mᵐᵉ de Saint-Frémont. Elle nous a appris que
Zamor l'a sauvée de la fureur des flots. Elle

a ajouté : je mourrai aux pieds de M. le Gouverneur, si je n'obtiens sa grace. Elle veut implorer votre secours. La voici.

SCÈNE IX.

LES PRÉCÉDENTES, SOPHIE, *suivie de tous les Esclaves.*

SOPHIE, *se jettant aux genoux de Mme de Saint-Frémont.*

MADAME, j'embrasse vos genoux. Ayez pitié d'une malheureuse étrangère qui doit tout à Zamor, & n'a d'autre espoir qu'en vos bontés.

Mme DE SAINT-FRÉMONT, *à part.*

Ah ! je respire. (*Haut, en la relevant.*) Levez-vous, Madame, je vous promets de faire tout ce qui sera en mon pouvoir. (*A part.*) Sa jeunesse, sa sensibilité, touchent mon cœur à un point que je ne puis exprimer. (*A Sophie.*) Étrangère intéressante, je vais tout employer pour vous faire accorder la grace que vous exigez de mon époux. Croyez que je partage vos douleurs. Je sens combien ces infortunés vous doivent être chers.

SOPHIE.

Sans le secours de Zamor, aussi intrépide qu'humain, je périssois dans les flots. Je lui dois le bonheur de vous voir. Ce qu'il a fait pour moi lui assure dans mon cœur les droits de la Nature ; mais ces droits ne me rendent point injuste, Madame, & le témoignage qu'ils rendent à vos rares qualités fait assez voir qu'ils ne sont point reprochables d'un crime prémédité. Quelle humanité ! Quel zèle à nous secourir ! Le sort qui les poursuit devoit plutôt leur inspirer la crainte que la pitié ; mais, loin de se cacher, Zamor a affronté tout péril. Jugez, Madame, si avec ces sentimens d'humanité, un mortel peut être coupable ; son crime fut involontaire, & c'est faire justice que de l'absoudre comme innocent.

Mme DE SAINT - FRÉMONT, *aux Esclaves.*

Mes enfans, il faut nous réunir avec les Colons, & demander la grace de Zamor & de Mirza. Nous n'avons pas de tems à perdre : (*A Sophie.*) & vous, que je brûle de connoître, vous êtes Françoise, peut-être pourriez-vous........ mais les momens nous sont chers. Retournez auprès de ces infortunés ; Esclaves, accompagnez ses pas.

SOPHIE, *transportée.*

Ah! Madame, que de bienfaits à la fois! Hélas! je voudrois, autant que je le désire, vous prouver ma reconnoissance. (*Elle lui baise les mains.*) Bientôt mon époux viendra s'acquitter envers vous de son devoir. Cher Valère, quelle heureuse nouvelle je vais t'apprendre! (*Elle sort avec les Esclaves.*)

SCÈNE X.

Mme DE SAINT-FRÉMONT, BETZI, CORALINE.

Mme DE SAINT-FRÉMONT, *à part.*

JE trouve dans les traits de cette Étrangère une ressemblance.... Quelle chimère!.... (*Haut.*) Et vous, Coraline, faites venir le Secrétaire de M. de Saint-Frémont.

CORALINE.

Ah! Madame, vous ignorez ce qui se passe: il vient de faire fermer vos portes par ordre de M. le Gouverneur. Tout est livré aux flammes..... Entendez, Madame..... On

bat la générale.... & le son des cloches....
(*On doit entendre la générale dans le lointain.*)

Mme DE SAINT-FRÉMONT, *allant
avec frayeur au fond du Théâtre.*

Malheureuse ! que vais-je devenir ? Que
fait mon mari ?

BETZI.

Je tremble pour mes camarades.

Mme DE SAINT-FRÉMONT, *livrée à la
plus grande douleur.*

Dieu, mon époux est peut-être en danger !
Je vole à son secours....

CORALINE.

Rassurez-vous, Madame, il n'y a rien à
craindre pour M. le Gouverneur. Il est à la
tête du régiment. Mais quand même il seroit
au milieu du tumulte, tous les Esclaves res-
pecteroient ses jours. Il en est trop chéri pour
qu'aucun voulût lui faire du mal. C'est seulement à quelques habitans que les Esclaves en
veulent : ils leur reprochent le supplice de
Zamor & de Mirza ; ils assurent que sans eux
on ne les auroit pas condamnés.

Mme DE SAINT-FRÉMONT, *agitée.*

Comment ! on va les faire mourir.

CORALINE.

Hélas ! bientôt mes pauvres camarades ne seront plus.

Mᵐᵉ DE SAINT-FRÉMONT, *avec empressement.*

Non, mes enfans, ils ne périront point : mon mari sera touché de mes larmes, du désespoir de cette Étrangère, qui, peut-être mieux que moi, saura l'émouvoir. Son cœur n'a pas besoin d'être sollicité pour faire le bien ; mais il peut tout prendre sur lui. (*A part.*) Et si cette Françoise lui donnoit des renseignemens sur sa fille ! Grand Dieu ! il devroit tout à ces victimes que l'on traine au supplice. (*Haut.*) Allons, Betzi, il faut joindre mon mari, lui dire..... Mais dans ce moment, comment entrer en explication ? Il faut que je le voie moi-même. Où est-il maintenant ?

CORALINE.

Je ne sais précisément avec quel régiment il est : toute l'armée est dispersée. On dit seulement que M. de Saint-Frémont ramène le calme & remet l'ordre par tout où il passe. Il seroit bien difficile de le trouver dans ce moment. Il n'y a qu'à nous rendre dans l'habitation, si déjà on ne nous y a pas devancées. Mais les chemins sont rompus ou coupés. On conçoit à peine qu'on ait pu faire tant de dégâts en si peu de tems.

Mme DE SAINT-FRÉMONT.

N'importe ; je ne crains ni le danger ni la fatigue, quand il s'agit de sauver les jours de deux infortunés.

Fin du deuxième Acte.

ACTE III.

Le Théâtre représente un lieu sauvage où l'on voit deux collines en pointes, & bordées de touffes d'arbrisseaux qui s'étendent à perte de vue. Sur un des côtés est un rocher escarpé, dont le sommet est une platte-forme, & dont la base est perpendiculaire sur le bord de l'avant-scène. On y monte du côté d'une des collines, de manière que les Spectateurs y peuvent voir arriver tous les Personnages. On voit deçà & delà quelques cabanes de Nègres éparses.

SCÈNE PREMIÈRE.
VALÈRE, ZAMOR, MIRZA.

VALÈRE.

VOUS voilà libres ! je vole à la tête de vos camarades. Mon épouse ne tardera pas long-tems à reparoître à nos yeux. Elle aura sans doute obtenu votre grace de M. de Saint-Frémont. Je vous quitte pour un instant, & ne vous perds point de vue.

SCÈNE II.
ZAMOR, MIRZA.

ZAMOR.

QUE notre fort est déplorable, ô ma chère Mirza! Il devient d'autant plus affreux, que je crains que le zèle de ce François à vouloir nous sauver ne le perde lui - même ainsi que son épouse. Quelle idée accablante!

MIRZA.

Elle me poursuit aussi : mais peut-être sa digne épouse aura pu fléchir notre Gouverneur, ne nous affligeons point avant son retour.

ZAMOR.

Je bénis mon trépas , puisque je meurs avec toi ; mais, qu'il est cruel de perdre la vie en coupable ! on m'a jugé tel , notre bon maître le croit ; voilà ce qui me désespère.

MIRZA.

Je veux voir moi-même M. le Gouverneur. Cette dernière volonté doit m'être accordée. Je me jetterai à ses pieds ; je lui révélerai tout.

ZAMOR.

Hélas! que pourras-tu lui dire?

MIRZA.

Je lui ferai connoître la cruauté de son Commandeur & de son amour féroce.

ZAMOR.

Ta tendresse pour moi t'aveugle : tu veux t'accuser pour me rendre innocent! si tu dédaignes la vie à ce prix, m'en crois-tu assez avare pour vouloir la conserver aux dépens de tes jours? Non, ma chère Mirza, il n'y a point de bonheur pour moi sur la terre, si je ne le partage avec toi.

MIRZA.

Je pense de même, je ne pourrois plus vivre sans te voir.

ZAMOR.

Qu'il nous auroit été doux de prolonger nos jours ensemble ! ces lieux me rappellent notre première entrevue. C'est ici que le tyran reçut la mort ; c'est ici qu'on va terminer notre carrière. La Nature semble en ces lieux être en contraste avec elle-même. Jadis elle nous paroissoit riante : elle n'a rien perdu de ses attraits ; mais elle nous montre à la fois l'image

de

de notre bonheur passé & de l'horrible sort dont nous serons les victimes. Ah! Mirza, qu'il est cruel de mourir quand on aime.

MIRZA.

Que tu m'attendris! ne m'afflige pas davantage. Je sens que mon courage m'abandonne; mais ce bon François revient à nous; que va-t-il nous apprendre?

SCÈNE III.

ZAMOR, MIRZA, VALÈRE.

VALÈRE.

O mes bienfaiteurs! Il faut vous sauver. Profitez de ces instans précieux que vos camarades vous procurent. Ils bouchent les chemins, répondez à leur zèle & à leur courage; ils s'exposent pour vous, fuyez dans un autre climat. Il se peut que mon épouse n'obtienne pas votre grace. On voit plusieurs troupes de soldats s'approcher d'ici: vous avez le tems d'échapper par cette colline. Allez, vivez dans les forêts: vos semblables vous ouvriront leur sein.

MIRZA.

Ce François a raison. Viens, suis-moi. Il

nous aime ; profitons de ses conseils, Cours avec moi, cher Zamor ; ne crains point de revenir habiter dans le fond des forêts. A peine tu te rappelles nos loix, & bientôt ta chère Mirza t'en retracera la douce image.

ZAMOR.

Eh bien ! je cède. Ce n'est que pour toi que je chéris la vie. (*Il embrasse Valère.*) Adieu, le plus généreux des hommes !

MIRZA.

Hélas ! il faut donc que je vous quitte sans avoir le bonheur de me jetter aux pieds de votre épouse !

VALÈRE.

Elle partagera vos regrets, n'en doutez point ; mais fuyez des lieux trop funestes.

SCÈNE IV.

LES PRÉCÉDENS, SOPHIE, ESCLAVES.

SOPHIE, *se précipitant dans les bras de Valère.*

AH ! mon ami, remercions le Ciel : ces victimes ne périront point. Madame de Saint-Frémont m'a promis leur grace.

V A L È R E, *avec joie.*

Grand Dieu ! quel comble de bonheur !

Z A M O R.

Ah ! je reconnois à ce procédé sa belle
ame. (*A Valère.*) Étrangers généreux, que
le Ciel comble vos defirs ! L'Être suprême
n'abandonne jamais ceux qui cherchent à lui
reſſembler par la bienfaiſance.

V A L È R E.

Ah ! que vous rendez nos jours fortunés !

M I R Z A.

Que nous ſommes heureux d'avoir ſecouru
ces François ! Ils nous doivent beaucoup ;
mais nous leur devons encore plus.

S O P H I E.

Madame de Saint-Frémont a fait aſſembler
ſes meilleurs amis. Je l'ai inſtruite de leur innocence ; elle met tout le zèle poſſible à les
ſauver. Je n'ai eu aucune peine à l'intéreſſer
en leur faveur ; ſon âme eſt ſi belle, ſi ſenſible
aux maux des malheureux !

Z A M O R.

Son reſpectable époux l'égale en mérite &
en bonté.

S O P H I E.

Je n'ai pas eu le bonheur de le voir.

Z A M O R, *allarmé.*

Que vois-je ? des soldats qui arrivent en foule ! ah ! c'en est fait ! vous vous êtes abufés, généreux François, nous fommes perdus.

S O P H I E.

Ne vous allarmez point, il faut favoir....

V A L È R E.

Je les défendrai au péril de ma vie. Hélas ! Ils alloient fe fauver lorfque tu es venu les raffurer. Je vais favoir de l'Officier qui commande ce détachement, quelle eft fa miffion.

(Une Compagnie de Grenadiers & une de Soldats François fe rangent au fond du Théâtre, la bayonnette au bout du fufil. En avant d'eux fe place une troupe d'Ef-claves avec des arcs & des fléches ; ils ont à leur tête le Major, le Juge & l'In-tendant des Efclaves de M. de Saint-Fré-mont.)

SCÈNE V.

LES PRÉCÉDENS, LE MAJOR, LE JUGE, L'INDIEN, *Grenadiers & Soldats François, plusieurs Esclaves.*

VALÈRE.

MONSIEUR, puis-je vous demander quel sujet vous amène ici ?

LE MAJOR.

Une cruelle fonction. Je viens faire exécuter l'arrêt de mort prononcé contre ces malheureux.

SOPHIE, *troublée.*

Vous allez les faire mourir ?

LE MAJOR.

Oui, Madame.

VALÈRE.

Non, cet affreux sacrifice ne s'exécutera point.

SOPHIE.

Madame de Saint-Frémont m'a promis leur grace.

LE JUGE, *durement.*

Cela n'est pas en son pouvoir, M. le Gouverneur lui-même ne pourroit la leur accorder. Ainsi, cessez de vouloir vous obstiner à les sauver. Vous rendriez leur supplice plus terrible. (*Au Major.*) Monsieur le Major, exécutez les ordres qui vous ont été donnés. (*Aux Esclaves.*) Et vous, menez les criminels sur le haut du rocher.

LE COMMANDEUR INDIEN.

Tendez vos arcs !

VALÈRE.

Arrêtez ! (*les Esclaves n'écoutent que Valère.*)

LE JUGE.

Obéissez. (*Le Major fait signe aux Soldats, ils courent avec la bayonnette, qu'ils présentent à la poitrine de tous les Esclaves, dont aucun ne remue.*)

ZAMOR, *accourant au-devant d'eux.*

Que faites-vous ? j'ai seul mérité la mort. Que vous ont fait mes pauvres camarades ? Pourquoi les égorger ? Tournez vos armes contre moi. (*Il ouvre sa veste.*) Voilà mon sein ! Lavez dans mon sang leur désobéissance.

La Colonie ne demande que ma mort. Eſt-il néceſſaire de faire périr tant d'innocentes victimes qui ne ſont pas complices de mon crime?

M I R Z A.

Je ſuis auſſi coupable que Zamor, ne me ſéparez point de lui : par pitié ôtez-moi la vie ; mes jours ſont attachés à ſa deſtinée. Je veux mourir la première.

V A L È R E, *au Juge.*

Monſieur, ſuſpendez, je vous prie, leur ſupplice. Je puis vous aſſurer qu'on s'occupe de leur grace.

L E M A J O R, *au Juge.*

Monſieur, nous pouvons prendre ceci ſur nous ; attendons le Gouverneur.

L E J U G E, *durement.*

Je n'écoute rien que mon devoir & la loi.

V A L È R E, *furieux.*

Barbare ! quoique ta place endurciſſe l'ame, tu la dégrades en la rendant encore plus cruelle que les loix ne te l'ont preſcrite.

L E J U G E.

Monſieur le Major, faites conduire cet audacieux à la Citadelle.

LE MAJOR.

C'eſt un François : il rendra compte de ſa conduite à M. le Gouverneur, & je n'ai pas, à cet égard, d'ordres à recevoir de vous.

LE JUGE.

Exécutez donc ceux qui vous ont été donnés.

SOPHIE, *avec héroïſme.*

Cet excès de cruauté me donne du courage. (*Elle court ſe placer entre Zamor & Mirza, les prend tous les deux par la main, & dit au Juge.*) Barbare ! ôſe me faire aſſaſſiner avec eux ; je ne les quitte point : rien ne pourra les arracher de mes bras.

VALÈRE, *tranſporté.*

Ah ! ma chère Sophie, ce trait de courage te rend encore plus chère à mon cœur.

LE JUGE, *au Major.*

Monſieur, faites retirer cette femme audacieuſe : vous ne rempliſſez pas votre devoir.

LE MAJOR, *indigné.*

Vous l'exigez ; mais vous répondrez des ſuites. (*Aux Soldats.*) Séparez ces étrangers de ces eſclaves,

SOPHIE, *jette un cri perçant, en serrant Zamor & Mirza contre son sein.*

VALÉRE, *furieux, courant après Sophie.*

Si l'on emploie la moindre violence contre mon épouse, je ne respecte plus rien. (*Au Juge.*) Et toi, barbare, tremble d'être immolé à ma juste fureur.

UN ESCLAVE.

Dût-on nous faire mourir tous, nous les défendrons.

(*Les Esclaves se rangent autour d'eux, & forment un rempart, les Soldats & Grenadiers s'en approchent avec la bayonnette.*)

LE MAJOR, *aux Soldats.*

Soldats, arrêtez. (*Au Juge.*) Je ne suis point envoyé ici pour ordonner le carnage & pour répandre du sang, mais pour ramener l'ordre. Le Gouverneur ne sera pas long-tems à paroître, & sa prudence nous indiquera mieux ce que nous devons faire. (*Aux Étrangers & aux Esclaves.*) Rassurez-vous ; je n'emploierai pas la force ; vos efforts seroient inutiles, si je voulois l'exercer. (*A Sophie.*) Et vous, Madame, vous pouvez vous retirer à l'écart avec ces malheureux ; j'attends M. le Gouverneur. (*Sophie, Zamor & Mirza, sortent avec quelques Esclaves.*)

SCÈNE VI.

VALÈRE, LE MAJOR, LE JUGE, L'INDIEN, *Grenadiers & Soldats, Esclaves.*

VALÈRE, *au Major.*

JE ne puis abandonner mon épouse dans cet état. Faites tous vos efforts auprès de M. de Saint - Frémont. Je n'ai pas besoin de vous recommander la clémence ; elle doit régner dans votre ame. Un guerrier fut toujours généreux.

LE MAJOR.

Reposez-vous sur moi ; retirez - vous, & vous paroîtrez quand il en sera tems. (*Valère sort.*)

S C È N E V I I.

LES PRÉCÉDENS, EXCEPTÉ VALÈRE.

LE MAJOR, *au Juge.*

VOILA, Monsieur, le fruit d'une trop grande sévérité.

LE JUGE.

Votre modération perd aujourd'hui la Colonie.

LE MAJOR.

Dites mieux ; elle la sauve peut-être. Vous ne connoissez que vos loix cruelles, & moi, je connois l'art de la guerre & l'humanité. Ce ne sont point nos ennemis que nous combattons ; ce sont nos Esclaves, ou plutôt nos Cultivateurs. Pour les réduire, il eût fallu, suivant vous, les faire passer au fil de l'épée, & dans cette circonstance, une imprudence nous meneroit sans doute plus loin que vous ne pensez.

SCÈNE VIII.

LES PRÉCÉDENS, M. DE SAINT-FRÉMONT, *entrant d'un côté & Valère de l'autre. Deux Compagnies de Grenadiers & Soldats conduisent plusieurs Esclaves enchaînés.*

VALÈRE, *à M. de Saint-Frémont.*

AH ! Monsieur, écoutez nos prières : vous êtes François, vous serez juste.

M. DE SAINT-FRÉMONT.

J'approuve votre zèle ; mais dans ce climat il devient indiscret ; il a même produit beaucoup de mal. Je viens d'être témoin de l'attentat le plus affreux exercé sur un Magistrat. Il a fallu, contre mon caractère, employer la violence pour arrêter la cruauté des esclaves. Je sais tout ce que vous devez à ces malheureux ; mais vous n'avez pas le droit de les défendre, ni de changer les loix & les mœurs d'un pays.

VALÈRE.

J'ai du moins le droit que la reconnoissance donne à toutes les belles ames : quelque soit votre sévérité simulée, mon cœur en appelle au vôtre.

M. DE SAINT-FRÉMONT.

Cessez de me prier, il m'en coûte trop pour refuser.

VALÈRE.

Votre digne épouse nous avoit fait tout espérer.

M. DE SAINT-FRÉMONT.

Elle-même, Monsieur, est convaincue de l'impossibité absolue de ce que vous demandez.

VALÈRE.

Si c'est un crime d'avoir tué un monstre qui faisoit frémir la nature, ce crime, au moins, est excusable. Zamor défendoit sa propre vie, & la défense est de droit naturel.

LE JUGE.

Vous abusez de la complaisance de M. le Gouverneur : on vous l'a déjà dit. Les loix les condamnent comme homicides, pouvez-vous les changer ?

VALÈRE.

Non ; mais on pourroit les adoucir en faveur d'un crime involontaire.

L   J U G E.

Y penfez-vous bien ? les adoucir en faveur d'un efclave ! Nous ne fommes pas ici en France, il nous faut des exemples.

M. DE SAINT-FRÉMONT.

C'en eft fait, il faut que l'arrêt s'exécute.

VALÈRE.

Ces paroles glacent mon fang & mon cœur oppreffé.... Chère époufe, que vas-tu devenir ? Ah ! Monfieur, fi vous connoiffiez fa fenfibilité, fes malheurs, vous en feriez touché ; elle avoit mis toutes fes efpérances dans vos bontés ; elle fe flattoit même que vous lui donneriez des renfeignemens fur le fort d'un parent, fon unique appui, dont elle eft privée depuis fon enfance, & qui doit être établi dans quelque partie de ce Continent.

M. DE SAINT-FRÉMONT.

Soyez affuré que je vous fervirai de tout ce qui fera en mon pouvoir ; mais, quant aux criminels, je ne puis rien faire pour eux. Malheureux Étranger ! allez la confoler : elle m'intéreffe fans la connoître. Trompez - la même, s'il eft néceffaire, pour qu'elle ne

foit pas témoin de cet affreux fupplice : dites-
lui que l'on veut interroger ces malheureux,
qu'il faut les laiffer feuls, & que leur grace
dépend peut-être de cette fage précaution.

VALÈRE, *pleurant.*

Que nous fommes à plaindre ! Je ne fur-
vivrai pas à leur perte. (*Il fort.*)

SCÈNE IX.

LES PRÉCÉDENS, EXCEPTÉ VALÈRE.

M. DE SAINT-FRÉMONT.

QUE ce François m'afflige ! fes regrets en
faveur de ces infortunés augmentent les miens.
Il faut donc qu'ils meurent, & malgré mon
penchant à la clémence.... (*Avec réflexion.*)
Zamor a fauvé cette étrangère ; elle eft Fran-
çoife, & fi j'en crois fon époux, elle cherche
un parent qui habite ce climat. Auroit il craint
de s'expliquer ? Sa douleur, fes recherches,
fes malheurs..... Infortunée, fi c'étoit....
où la nature va-t-elle m'égarer ! Et pourquoi
m'en étonner ? L'aventure de cette Étrangère
a tant de rapport avec celle de ma fille.... &
mon cœur ulcéré voudroit la retrouver en

elle. C'eft le fort des malheureux de fe bercer d'efpérance, & de trouver de la confolation dans les moindres rapports.

LE JUGE.

Monfieur le Major, faites avancer vos Soldats. (*A l'Indien.*) Monfieur le Commandeur, conduifez les Efclaves, & faites les ranger fuivant l'ufage.

(*L'Indien fort avec les Efclaves armés, tandis qu'une troupe d'autres viennent fe jetter aux pieds de M. de Saint-Frémont.*)

SCÈNE X.

LES PRÉCÉDENS EXCEPTÉ L'INDIEN.
Les Efclaves armés font remplacés par les Efclaves fans armes.

UN ESCLAVE, *à genoux.*

Monseigneur, nous n'avons pas été du nombre des rebelles. Qu'il nous foit permis de demander la grace de nos camarades ! Que pour racheter leur vie on nous faffe éprouver les châtimens les plus terribles ! qu'on augmente nos travaux pénibles, & qu'on diminue

nos

nos alimens ; nous fupporterions cette punition avec courage. Monfeigneur, vous vous
attendriffez, je vois couler vos pleurs.

M. DE SAINT-FRÉMONT.

Mes enfans, mes amis, que me propofez-
vous ? (*Au Juge.*) Que voulez-vous que je
réponde à ce trait d'héroïfme ? Ah ! Ciel !
ils montrent tant de grandeur d'ame, & nous
ofons les regarder comme les derniers des
humains ! Hommes civilifés ! vous vous croyez
fupérieurs à des Efclaves ! De l'opprobre & de
l'état le plus vil, l'équité, le courage, les
élèvent en un inftant au rang des plus généreux
mortels. Vous en avez l'exemple devant les
yeux.

LE JUGE.

Ils connoiffent bien votre cœur ; mais vous
ne pouvez céder à votre penchant fans compromettre votre dignité. Je les connois mieux
que vous ; ils promettent tout dans ces momens ; d'ailleurs, ces criminels ne font plus
en votre puiffance, ils font livrés à la rigueur
des loix.

M. DE SAINT-FRÉMONT

Eh bien ! je vous les abandonne. Hélas !
les voici. Où me cacher ? Que ce devoir eft
cruel !

SCÈNE XI.

LES PRÉCÉDENS, L'INDIEN, ZAMOR, MIRZA, *les Esclaves armés.*

ZAMOR.

IL n'y a plus d'espérance ; nos bienfaiteurs font entourés de soldats. Embrasse-moi pour la dernière fois, ma chère Mirza !

MIRZA.

Je bénis mon sort, puisque le même supplice nous réunit. (*A un vieillard & une vieille Esclave.*) Adieu, chers auteurs de mes jours ; ne pleurez plus votre pauvre Mirza, elle n'est plus à plaindre. (*Aux Esclaves de son sexe.*) Adieu, mes compagnes.

ZAMOR.

Esclaves, Colons, écoutez-moi : j'ai tué un homme, j'ai mérité la mort ; ne regrettez point mon supplice, il est nécessaire au bien de la Colonie. Mirza est innocente ; mais elle chérit son trépas. (*Aux Esclaves, particulièrement.*) Et vous, mes chers amis, écoutez-moi à mon dernier moment. Je quitte la vie, je meurs innocent ; mais craignez de vous

rendre coupables pour me défendre : craignez
sur-tout cet esprit de faction , & ne vous livrez
jamais à des excès pour sortir de l'esclavage ;
craignez de briser vos fers avec trop de violence ; attendez tout du tems & de la justice
divine , remplacez nous auprès de M. le Gouverneur , de sa respectable épouse. Payez-les
par vôtre zèle & par vôtre attachement de
tout ce que je leur dois. Hélas ! je ne puis
m'acquitter envers eux. Chérissez ce bon Maître , ce bon père , avec une tendresse filiale ,
comme je l'ai toujours fait. Je mourrois content
si je pouvois croire du moins qu'il me re-
grette ! (*Il se jette à ses pieds.*) Ah ! mon
cher Maître , m'est-il permis encore de vous
nommer ainsi ?

M. DE SAINT-FRÉMONT, *avec une
vive douleur.*

Ces paroles me serrent le cœur. Malheureux ! qu'as-tu fait ? va , je ne t'en veux
point , je souffre assez du fatal devoir que
je remplis.

ZAMOR, *s'incline & lui baise les pieds.*

Ah ! mon cher maître , la mort n'a plus
rien d'affreux pour moi. Vous me chérissez
encore , je meurs content. (*Il lui prend les
mains.*) Que je baise ces mains pour la dernière fois !

M. de Saint-Frémont, *attendri.*

Laisse-moi, laisse-moi, tu m'arraches le cœur.

ZAMOR, *aux Esclaves armés.*

Mes amis, faites votre devoir. (*Il prend Mirza dans ses bras, & monte avec elle sur le rocher, où ils se mettent à genoux. Les Esclaves ajustent leurs flèches.*)

SCÈNE XII.

LES PRÉCÉDENS, Mme DE SAINT-FRÉ-MONT, *avec ses Esclaves, Grenadiers & Soldats François.*

Mme DE SAINT-FRÉMONT.

ARRÊTEZ, Esclaves, & respectez la femme de votre Gouverneur. (*A son époux.*) Grace, mon ami, grace !

SCÈNE XIII ET DERNIÈRE.

LES Précédens, VALÈRE, SOPHIE.

SOPHIE, *à Valère.*

TU me retiens en vain. Je veux absolument les voir. Cruel ! tu m'as trompée. (*A Mme de Saint-Frémont.*) Ah ! Madame, mes forces m'abandonnent. (*Elle tombe dans les bras des Esclaves.*)

Mme DE SAINT-FRÉMONT, *à son mari.*

Mon ami, vous voyez le désespoir de cette Françoise ; pourriez - vous n'en être pas touché ?

SOPHIE, *revenant à elle, & se jettant aux pieds de M. de Saint-Frémont.*

Ah Monsieur ! je meurs de douleur à vos pieds si vous ne m'accordez leur grace. Elle est dans votre cœur & dépend de votre pouvoir. Ah ! si je ne puis l'obtenir, que m'importe la vie ! Nous avons tout perdu. Privée d'une mère & de ma fortune, abandonnée d'un père depuis l'âge de cinq ans, je mettois ma consolation à sauver deux victimes qui vous sont chères.

M. DE SAINT-FRÉMONT, *à part,*
dans la plus vive agitation.

Quel souvenir.... quels traits.... quelle époque.... son âge.... Quel trouble s'élève dans mon ame. (*A Sophie.*) Ah Madame ! répondez à mon empressement, puis-je vous demander les noms de ceux qui vous ont donné le jour ?

SOPHIE, *s'appuyant sur Valère.*

Hélas !

VALÈRE.

O ma chère Sophie !

M. DE SAINT-FRÉMONT, *plus vive-*
ment.

Sophie.... (*A part.*) Elle fut nommée Sophie. (*Haut.*) Quel nom avez-vous prononcé. .... Parlez, répondez-moi, de grace, Madame, quelle fut votre mère ?

SOPHIE, *à part.*

Quel trouble l'agite, plus je l'examine.... (*Haut.*) La malheureuse Clarisse de Saint-Fort fut ma mère.

M. DE SAINT-FRÉMONT.

Ah ! ma fille, reconnois-moi. La nature ne m'a point trompé. Reconnois la voix d'un père trop long-tems féparé de toi & de ta mère.

S O P H I E.

Ah ! mon père ! je me meurs. (*Elle tombe dans les bras des Soldats.*)

M. DE SAINT-FRÉMONT.

O ma fille ! ô mon fang !

S O P H I E.

Qu'ai-je entendu ? Oui, oui c'eſt lui.... Ses traits font reſtés gravés dans mon ame.... Quel bonheur me fait retrouver dans vos bras! Je ne puis vous rendre tous les fentimens qui m'agitent. Mais ces malheureux, ô mon père, leur fort eſt dans vos mains. Sans leur fecours votre fille périſſoit. Accordez à la nature la pre-mière grace qu'elle vous demande. Habitans, Efclaves, tombez aux genoux du plus géné-reux des hommes ; c'eſt aux pieds de la vertu qu'on trouve la clémence. (*Tous fe mettent à genoux, excepté le Juge & les Soldats.*)

L E S E S C L A V E S.

Monfeigneur !

L E S H A B I T A N S.

Monfieur le Gouverneur !

M. DE SAINT-FRÉMONT.

Qu'exigez-vous de moi ?

T O U S.

Leur grace.

M. DE SAINT-FRÉMONT, *attendri.*

Mes enfans, mon épouse, mes amis, je vous l'accorde.

T O U S.

Quel bonheur ! (*Les Grenadiers & Soldats fléchissent le genou , & se remettent tout de suite.*)

LE MAJOR.

Braves guerriers, ne rougissez point de ce mouvement de sensibilité ; il épure le courage & ne l'avilit pas.

MIRZA.

Grand Dieu ! vous changez notre malheureux sort ; vous comblez notre félicité; votre justice ne cesse jamais de se manifester.

M. DE SAINT-FRÉMONT.

Mes amis, je vous donne votre liberté, & j'aurai soin de votre fortune.

ZAMOR.

Non, mon maître ; gardez vos bienfaits. Le plus précieux à notre cœur est de nous laiſſer vivre auprès de vous & de tout ce que vous avez de plus cher.

M. DE SAINT-FRÉMONT.

Quoi ! je retrouve ma fille ! je la ſerre dans mes bras. Un ſort cruel a donc fini de me pourſuivre ! O ma chère Sophie ! que je crains d'apprendre le ſort cruel de votre mère.

SOPHIE.

Hélas ! ma pauvre mère n'eſt plus ! mais, mon père, qu'il m'eſt doux de vous voir. (*A Valère.*) Cher Valère !

VALÈRE.

Je partage ta félicité.

Mme DE SAINT-FRÉMONT.

Ma fille, ne voyez en moi qu'une tendre mère. Votre père connoît mes intentions, & vous les apprendrez bientôt vous-même. Ne nous occupons plus que du mariage de Zamor & de Mirza.

MIRZA.

Nons allons vivre pour nous aimer. Nous ſerons toujours heureux, toujours, toujours.

ZAMOR.

Oui, ma chère Mirza ; oui, nous ſerons toujours heureux.

M DE SAINT-FRÉMONT.

Mes amis, je viens de vous accorder votre grace. Que ne puis-je de même donner la liberté à tous vos femblables, ou du moins adoucir leur fort ! Efclaves, écoutez-moi ; fi jamais on change votre deftinée, ne perdez point de vue l'amour du bien public, qui jufqu'à préfent vous fut étranger. Sachez que l'homme, dans fa liberté, a befoin encore d'être foumis à des loix fages & humaines, & fans vous porter à des excès répréhenfibles, efpérez tout d'un Gouvernement éclairé & bienfaifant. Allons, mes amis, mes enfans, qu'une fête générale foit l'heureux préfage de cette douce liberté.

F I N.